LES PETITS CHEFS-D'ŒUVRE

POINSINET

LE CERCLE

OU LA

SOIRÉE A LA MODE

COMÉDIE EN UN ACTE

PUBLIÉ PAR

GEORGES D'HEYLLI

PARIS

LIBRAIRIE DES BIBLIOPHILES

Rue Saint-Honoré, 338

M DCCC LXXXVII

LE CERCLE

TIRAGE A PETIT NOMBRE

Il a été fait un tirage spécial de :

30 exemplaires sur papier de Chine (Nos 1 à 30).
30 — sur papier Whatman (Nos 31 à 60).

60 exemplaires, numérotés.

POINSINET

LE CERCLE

OU LA

SOIRÉE A LA MODE

COMÉDIE EN UN ACTE

PUBLIÉ PAR

GEORGES D'HEYLLI

PARIS

LIBRAIRIE DES BIBLIOPHILES

Rue Saint-Honoré, 338

M DCCC LXXXVII

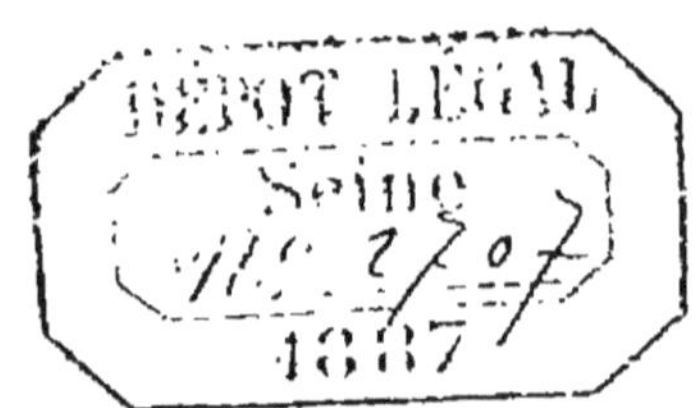

NOTICE

Il est des écrivains qui doivent à un seul livre, ou à une seule pièce, une notoriété, une illustration même, que tous leurs autres ouvrages, souvent très nombreux et très considérables, ne leur auraient jamais donnée. Qui connaîtrait, en effet, malgré les cinquante gros volumes qui composent ses œuvres complètes, l'abbé Prévost, s'il n'avait écrit son petit chef-d'œuvre de MANON LESCAUT? Bernardin de Saint-Pierre ne vivra guère dans la mémoire des hommes que par PAUL ET VIRGINIE, comme Benjamin Constant par son roman d'ADOLPHE. Au théâtre l'exemple est encore plus frappant : un seul ouvrage y maintiendra à jamais les noms de Dancourt avec LE CHEVALIER A LA MODE, de Destouches avec LE GLORIEUX, de Favart avec LA CHERCHEUSE D'ESPRIT, de Gresset *avec* LE MÉCHANT, *de Piron avec* LA MÉTROMANIE, *etc..., bien que ces écrivains aient donné beaucoup d'autres comédies aujourd'hui oubliées et qui ne reverront jamais la scène. Il en est de même de Poinsinet, qui a écrit pour les théâtres de l'Opéra, de l'Opéra-Comique et de la Comédie-Italienne quantité de livrets, de parodies et de parades dont aujourd'hui les titres seuls figurent enfouis dans les bibliographies spéciales. En effet, qui, de nos jours, connaîtrait Poinsinet sans sa comédie* LE CERCLE, OU LA SOIRÉE A LA MODE?

C'est cependant beaucoup plus comme librettiste, comme « parolier », que Poinsinet a été estimé de ses contemporains que comme auteur de comédies littéraires et sérieuses. Il a, paraît-il, excellé dans ce genre, et quelques-uns de ses nombreux livrets ont même eu, à la scène, des succès de vogue inconnus jusqu'à lui. Sa parodie du PEINTRE AMOUREUX DE SON MODÈLE *d'Anseaume, musique de Duni, qui portait le titre de* GILLES GARÇON PEINTRE Z'AMOUREUX ET RIVAL *(Opéra-Comique, 2 mars 1758), avec musique du compositeur de La Borde, eut plus de cent cinquante représentations de suite à Paris, et on la joua ensuite sur la plupart des théâtres de province et même sur des scènes particulières. Une autre de ses bouffonneries,* SANCHO PANÇA DANS SON ILE *(Comédie-Italienne, 8 juillet 1762), avec musique de Philidor, eut également un succès prolongé. Puis vinrent* LE SORCIER, *comédie lyrique en deux actes, musique de Philidor (Comédie-Italienne, 2 janvier 1764), dont la vogue fut encore considérable, et enfin* TOM JONES, *autre comédie lyrique en trois actes, imitée du roman anglais de Fielding, musique de Philidor (Comédie-Italienne, 27 février 1765), dont le succès, d'abord contesté, prit ensuite des proportions prodigieuses. Elle demeura quarante ans au répertoire.*

Nous ne citons ici que ces quelques ouvrages; la seule nomenclature de tous ceux qu'a donnés dans ce genre Poinsinet nous entraînerait trop loin, et n'offrirait d'ailleurs que peu d'intérêt. Mais il est certain qu'il avait un grand talent de parolier, qu'il savait offrir au compositeur des situations capables de l'inspirer, et surtout qu'il ne cherchait pas à faire valoir sa personnalité aux dépens de son collaborateur. Dans tous ses ouvrages, il semble toujours s'effacer et céder le pas au musicien, et lui faire, en quelque sorte, les honneurs du théâtre et de sa pièce. Il avait de l'esprit d'à-propos, et savait, dans ses pa-

rodies, choisir habilement et tirer le meilleur parti des passages saillants et des scènes principales des ouvrages d'actualité dont il devait amuser le public. Il écrivait aussi en vers avec une grande facilité, et il a même laissé, en dehors de ses ouvrages dramatiques, qui constituent toutefois son meilleur titre littéraire, des épîtres et deux poèmes [1].

Poinsinet ne fut joué que deux fois à la Comédie-Française. Le 9 juillet 1757, il y donna une petite comédie en un acte et en vers, L'IMPATIENT, *qui n'eut qu'un succès d'estime* [2]. *C'est seulement sept ans plus tard, le 7 septembre 1764, qu'il fit représenter* LE CERCLE, OU LA SOIRÉE A LA MODE, *comédie en un acte et en prose* [3]. *C'est une pièce sans aucune intrigue ni*

---

1. Un poème sur l'*Inoculation*, publié en 1765, et une grande pièce poétique dans le même genre, *Gabrielle d'Estrées à Henri IV* (1767).

2. Elle n'eut que trois représentations. — « Différents morceaux de cette petite comédie prouvent, dit Fréron, que l'auteur a beaucoup d'esprit, qu'il écrit avec facilité et qu'il fait joliment le vers. »

3. En voici le titre exact, pris sur la première édition, qui a servi à la présente réimpression :

« *Le Cercle, ou la Soirée à la mode*, comédie épisodique, en un acte et en prose, par M. Poinsinet, de l'Académie des Arcades de Rome (*Amavit risus, nunc mores pingere tentat*). A Paris, chez Duchesne, libraire, rue Saint-Jacques, au-

intérêt dramatique, et qui avait surtout pour objectif la peinture et la critique des mœurs du temps, des habitudes et de certains travers de la société, ainsi que de la tenue prétentieuse et même ridicule de quelques salons. La variété des personnages qui se succèdent dans la pièce et se bornent à y passer, sans que rien rattache leur présence à un point de départ quelconque, en font une sorte de comédie à tiroirs dont l'esprit du dialogue et la vivacité du style, à défaut de l'intérêt des situations, doivent être et sont le seul mérite. C'était, avant tout, une comédie d'actualité, où les spectateurs pouvaient saisir au passage beaucoup d'allusions transparentes qui nous échappent davantage aujourd'hui, et de plaisanteries depuis longtemps émoussées, ou de personnalités dont le piquant et l'imprévu ont singulièrement perdu de leur force et de leur attrait après plus de cent années maintenant écoulées.

Ainsi, on voit dans cette succession de visiteurs qui traversent le salon de la coquette Araminte pour y

---

dessous de la fontaine Saint-Benoît, au Temple du Goût. 1764. Avec approbation et privilége du roy. »

Le prix de la brochure était de 24 sols, avec la musique des couplets que chante l'abbé à la scène VIII.

déposer, en quelque sorte au vol, leurs caquetages et leurs médisances, un colonel qui fait de la tapisserie ; un médecin léger, insouciant et gouailleur ; un abbé galant, qui chante « la romance à Madame » ; un ancien militaire devenu faux philanthrope ; un bel esprit qui cherche à placer une tragédie que personne ne veut entendre ; un conseiller au parlement amoureux, etc... ; on y parle superficiellement des choses du jour, des nouvelles dignes d'occuper les conversations futiles des salons ; on y plaisante et on y défend tour à tour le genre de l'opéra-comique, encore mal défini et en voie de transformation ; on y exalte MÉROPE, *tragédie de Voltaire*[1], *etc... Les spectateurs de l'époque pouvaient mettre presque un nom sur chacun des personnages en scène, qui, paraît-il, n'étaient pas trop chargés, et représentaient assez fidèlement la société légère et oisive du temps*[2].

---

1. Récemment remise à la scène et représentée pour la première fois le 20 février 1743.

2. Les principales personnes que Poinsinet a eues en vue dans sa pièce sont, dit-on, les suivantes : — Le docteur Lorry (le médecin), qui soigna plus tard Louis XV dans sa dernière maladie, et qui est mort en 1783, à l'âge de cinquante-sept ans. — L'abbé de La Croix (l'abbé galant qui chante les couplets de la scène VIII), musicien-amateur qui n'était guère connu que dans les salons. — Le poète Par-

Le dialogue, composé d'attaques, de ripostes et de reparties, a encore assez de verve aujourd'hui, et la pièce, si elle est vivement jouée, peut toujours faire quelque plaisir à la scène.

D'ailleurs on pourrait croire que de notre temps elle a été lue et relue, et même étudiée avec quelque soin et quelque intérêt, par un de nos plus brillants écrivains dramatiques, l'un de ceux qui précisément manient avec le plus de dextérité et d'à-propos la raillerie et la critique des mœurs du jour au théâtre. M. Edouard Pailleron est l'auteur de cette merveilleuse et triomphante comédie : LE MONDE OU L'ON S'ENNUIE[1], *qui donnera à son tour, dans cent ans et*

---

mian de Rosoy, *dit* Durosoy, qui n'avait alors que dix-neuf ans. Damon, dans la scène VI, pour ne laisser aucun doute sur la réalité du personnage, cite textuellement sa première publication : *Mes dix-neuf ans, ouvrage de mon cœur.* Royaliste fervent et actif, il est mort sur l'échafaud en 1792. — Enfin, la comtesse Fanny de Beauharnais (Araminte), dame poète qui tenait salon littéraire et qui était la tante de la future impératrice Joséphine. C'est sur elle que le poète Le Brun a fait courir les petits vers si connus :

Églé, belle et poète, a deux petits travers :
Elle fait son visage, et ne fait pas ses vers.

Elle est morte en 1813, à l'âge de soixante-quinze ans.

1. Représentée pour la première fois à la Comédie-Française, le 25 avril 1881.

plus, matière à découvertes et à rapprochements ingénieux aux écrivains de la dernière partie du XXe siècle, lesquels voudront trouver, eux aussi, dans cette œuvre satirique des personnalités qu'après tout l'auteur n'a peut-être pas songé à y mettre en aussi grand nombre qu'on l'a bien voulu supposer. Or, on voit dans LE CERCLE *le personnage d'un poète, Damon, qui se présente chez Araminte chargé du manuscrit d'une lourde tragédie en cinq actes qu'il prétend lire dans son salon. Il commence même plusieurs fois sa lecture, toujours interrompue par l'arrivée de quelque nouveau visiteur qui provoque un nouveau bavardage, si bien que le malheureux poète ne peut parvenir à lire, — jusqu'à la chute du rideau, — qu'un seul vers de sa pièce, le premier !*

Du centre des déserts de l'inculte Arménie...

C'est le fameux « beau vers » du MONDE OU L'ON S'ENNUIE. *Le deuxième acte de la pièce si fine et si amusante de Pailleron rappelle en beaucoup de points l'acte même de Poinsinet où les ridicules de l'époque s'étalent, à qui mieux mieux, comme ils se retrouvent à dose à peu près égale, avec la différence des temps, dans la pièce d'aujourd'hui. Le poète*

Damon, du CERCLE, *et le poète Desmillets, du* MONDE OU L'ON S'ENNUIE, *sont deux personnages absolument identiques, placés dans des situations tout à fait semblables, finalement éconduits sans avoir pu triompher de l'ennui général, et levant tous deux comiquement les bras au ciel en signe de protestation inutile et désolée contre l'indifférence de leurs contemporains.*

L'interprétation remarquable de la pièce concourut à son succès. Molé surtout, dans le personnage du marquis-colonel vain et prétentieux, fut superbe de fatuité et d'esprit; d'Auberval ne fut pas moins remarqué dans le rôle plus sérieux du conseiller au parlement; Préville amusa tout le monde dans le personnage du singulier médecin, — vrai encore aujourd'hui, — qu'il représentait avec tant de désinvolture et de naturel, et Bouret fut parfait dans le rôle du poète incompris, qui ne se compose guère que de réticences et d'interruptions. Les femmes avaient des personnages moins intéressants, et surtout de moindre originalité; cependant Mme *Préville joua avec beaucoup de verve la brillante Araminte* [1], *et*

---

1. Voici la distribution complète de la pièce : Mme Préville (Araminte) ; Mlle d'Epinay (Cidalise); Mlle Hus (Ismène); Mlle Doligny (Lucile) ; Mme Bellecourt (Lisette);

Mlle Doligny fut, comme toujours, jolie et charmante dans le petit rôle de sa fille Lucile. La pièce eut seize représentations dans sa nouveauté [1].

Poinsinet n'avait pas su mériter par son caractère l'estime de ses contemporains. Sa naïveté souvent puérile et son excessif amour-propre lui valurent de fréquents désagréments ; il fut surtout l'objet de mystifications sans nombre et de dénigrements systématiques. Les écrivains critiques de son temps ne semblent pas l'avoir pris suffisamment au sérieux, et ils se sont même montrés fort injustes envers lui à propos de sa jolie comédie du CERCLE. *La Harpe, spécialement, l'a traité, à ce propos, avec une sévérité qui passe les bornes.*

« Je l'ai rencontré deux ou trois fois, dit-il; il était fort ennuyeux, fort plat, et ne pouvait être supporté que comme jouet de ceux qui n'avaient rien de mieux à faire que de s'en amuser... Son CERCLE *est un centon dialogué où rien n'est à lui, si ce n'est les*

MM. d'Auberval (Lisidor); Molé (le Marquis); de Bonneval (le Baron); Préville (un Médecin); Augé (un Abbé); Bouret (Damon).

1. Reprise le 10 février 1840, elle ne fut jouée que deux fois. Menjaud remplissait alors le rôle du Marquis, et Mlle Mars celui d'Araminte. Regnier faisait Damon.

inepties qu'il y a semées. La plus jolie scène est prise tout entière des ORIGINAUX *de Palissot...* [1]. »

Grimm, fort désagréable pour la personne de Poinsinet, puisqu'il le traite « d'espèce d'imbécile, faiseur de mauvaises parades et autres drogues détestables [2] », *est cependant obligé d'accorder quelques éloges à sa nouvelle pièce.*

« ... *Ce* CERCLE, *dit-il, a beaucoup réussi ; ce n'est point là une comédie : il n'y a point d'intrigue, point de scène, et surtout point de dialogue ; mais c'est un tableau assez frappant des sociétés de Paris. Le ton de tous ces gens-là n'est pas trop mauvais, et c'est là le principal mérite des pièces de ce genre. Vous trouverez dans celle-ci de la vivacité et un grand nombre de traits... Pour tout dire enfin, le nom de l'auteur a aussi beaucoup contribué au succès de la pièce. On en attendait si peu, qu'il n'y avait per-*

---

1. *Cours de littérature*, t. XII, édition Depelafol, 1825. *Le Cercle ou les Originaux*, comédie de Palissot de Montenoy, fut représenté le 26 novembre 1755 devant la cour du roi Stanislas à Nancy ; c'était aussi une comédie à allusions et à personnalités, mais beaucoup plus agressives que celles de la pièce de Poinsinet.

2. *Correspondance de Grimm*, édition Maurice Tourneux, t. VI, 1878.

sonne à la première représentation[1], *et l'on a été d'autant plus émerveillé qu'on était moins préparé à voir quelque chose de supportable...* »

Un peu plus tard, quand la pièce parut en librairie, Grimm, qui se repentait sans doute du trop d'indulgence de sa première appréciation, s'empressa d'apporter à la satisfaction que sa bienveillance avait pu faire éprouver à Poinsinet le correctif suivant :

« ... *On a trouvé à l'impression sa pièce froide, ennuyeuse, mal écrite, d'un ton détestable... On voit à chaque ligne que M. Poinsinet n'a pas vécu dans la meilleure compagnie du royaume, et nous l'aurions bien cru sans tant de preuves...* »

Et comme, dans la même année, un critique du temps, Nougaret, avait adressé une lettre assez amère à Poinsinet à propos de sa comédie[2], *Grimm ajoute :*

« *Un polisson, qui s'appelle Nougaret, a voulu aussi empoisonner le triomphe du pauvre Poinsinet*

---

1. Cette première représentation ne produisit, en effet, qu'une recette de 1,215 livres. Mais la pièce se releva dès le lendemain; on faisait déjà 2,638 livres à la troisième soirée.

2. *Lettre à Poinsinet sur la comédie du* CERCLE, 1764, in-8°.

par une lettre de quinze pages à lui adressée. Cette lettre est plus bête que tout ce que Poinsinet fera de sa vie...[1]. »

Fréron déclare que LE CERCLE *est une comédie* « *pleine d'esprit et bien écrite* », *jugement qui résume l'opinion générale du temps.*

Quant à Bachaumont, il constate que « *la pièce a reçu de très grands applaudissements... Il n'y a ni intrigue ni marche théâtrale, mais beaucoup de saillies et des personnages peints dans une grande vérité... Succès prodigieux...* [2]. »

Cependant cette comédie alors tant malmenée, — intentionnellement, — a survécu au temps, à l'oubli et aux critiques, puisque la Comédie-Française a jugé à propos de la remettre à son répertoire vers le début de l'année 1887, *en y pratiquant seulement quelques coupures, et précisément dans les passages qui paraîtraient aujourd'hui un peu trop développés, n'ayant plus pour excuse l'intérêt piquant que leur donnait l'actualité.*

---

1. Toutes les citations de Grimm qui précèdent figurent au tome VI de l'édition déjà citée.

2. *Mémoires secrets*, aux suppléments, t. XVI, p. 218.

Antoine-Alexandre-Henri Poinsinet était né à Fontainebleau, en 1735. C'était un grand amateur de voyages à une époque où l'on voyageait fort peu. On ne se déplaçait guère que par obligation, et rarement dans un but d'étude ou de distraction. Poinsinet, en 1760, parcourut toute l'Italie simplement pour s'amuser et s'instruire ; neuf ans plus tard il s'en fut en Espagne : il voulait étudier les airs nationaux du pays et en transporter quelques-uns dans un ou deux ouvrages qu'il eût composés spécialement pour l'Opéra-Comique et la Comédie-Italienne. Le début de son voyage fut assez heureux ; mais un soir qu'il avait bien dîné, — peut-être trop, — il eut la malencontreuse idée d'aller se baigner dans le Guadalquivir, et il s'y noya presque aussitôt[1].

Il ne laissa pas de très grands regrets. Il faut lire dans Grimm le long article qu'il consacre à Poinsinet, à l'occasion de sa mort, et où cet annaliste rancuneux et méchant traite le malheureux écrivain défunt avec la plus impertinente et la plus injuste rigueur.

« ... Je recommande l'âme du grand Poinsinet,

---

1. Septembre 1769.

dit-il en terminant, au dieu Guadalquivir, et je ne me noierai jamais dans ce fleuve de peur de l'y rencontrer. Il avait en son vivant un secret qui me désolait : il excellait dans le genre ennuyeux, mais il savait filtrer l'ennui à travers ses pièces si artistement et d'une manière si imperceptible qu'on en était suffoqué sans savoir de quel endroit sortaient de si mortelles exhalaisons[1]. »

En revanche, un poète anonyme fit, à l'occasion de cette fin lamentable et tragique, circuler les vers suivants :

Poinsinet, simple et crédule,
A ses dépens naguère amusait tout Paris.
S'il a pu cependant prêter au ridicule,
Les nôtres n'ont-ils pas égayé ses écrits ?
Le Cercle le vengea d'un trop vain persiflage !
Mais nos arts l'ont perdu voulant les propager,
Poinsinet, malheureux, dans un fleuve étranger
Périt à la fleur de l'âge !

Telle fut l'unique oraison funèbre du trop décrié Poinsinet !...

GEORGES D'HEYLLI.

1. Édition déjà citée, t. VIII, p. 349.

A M. PAPILLON DE LA FERTÉ

INTENDANT,

CONTRÔLEUR GÉNÉRAL DE L'ARGENTERIE, MENUS PLAISIRS

ET AFFAIRES DE LA CHAMBRE DU ROI.

MONSIEUR,

L'HOMMAGE *de cette petite comédie vous est dû; les applaudissements dont elle a été suivie m'ont étonné moi-même autant que mes ennemis. Je cherche moins, en vous la présentant, à demander de nouvelles bontés qu'à vous donner un témoignage public de ma reconnaissance pour les anciennes. N'attendez pas de moi ces louanges que l'intérêt prodigue à l'orgueil. Votre mérite, chéri de tous les gens de lettres, va devenir précieux à la nation entière, quand elle apprendra que, sous les yeux toujours ouverts de messieurs les premiers gentilshommes de la chambre, votre travail et vos soins ont donné à nos théâtres une forme, une consistance qui nous avait été jusqu'alors inconnue. Vous avez banni les abus, et, pesant dans une juste balance les intérêts du public et ceux des gens à talent, vous avez établi un ordre d'où résultent la satisfaction de l'un et la gloire des autres; vous protégez les arts par état, vous les suivez par goût, vous les cultivez vous-même, vous les animez encore par l'attrait des récompenses, et la justice que je vous rends ici est pour un homme qui pense le plus flatteur des éloges. Puissè-je par de nouveaux succès mériter de consacrer plus particulièrement mes faibles talents aux plaisirs de notre auguste monarque. Alors, soumis à vos conseils et suffisamment récompensé de mon travail par la gloire d'en avoir été chargé, je n'en désirerai près de vous d'autre prix que votre amitié et la permission de vous assurer de l'inviolable attachement avec lequel je suis,*

MONSIEUR,

Votre très humble et très obéissant serviteur,

POINSINET.

ACTEURS

ARAMINTE, veuve d'un financier.

CIDALISE, } ses amies.
ISMÈNE, }

LUCILE, fille d'Araminte.

LISETTE, sa femme de chambre.

LISIDOR, conseiller au parlement.

LE MARQUIS, jeune colonel.

LE BARON, ancien militaire.

UN MÉDECIN.

UN ABBÉ.

DAMON, bel esprit.

La scène est à Paris, dans la maison de Mme Araminte.

LE CERCLE

OU

LA SOIRÉE A LA MODE

Le théâtre représente un salon de compagnie où se trouvent des sièges, un canapé, un métier de tapisserie, des tables de jeu, des livres de musique, une guitare, etc.

SCÈNE PREMIÈRE

LISETTE, LISIDOR.

(Ils entrent de différents côtés.)

H ! c'est vous, Monsieur? quoique nous vous désirions sans cesse, nous ne vous attendions pas sitôt.

LISIDOR.

Mon empressement t'étonnera moins quand le motif t'en sera connu. Je viens de recevoir quelques nouvelles qui m'affligent, et je voulais avoir, à l'issue de son dîner, une conversation avec l'aimable Lucile. (*Il tire sa montre.*) Le repas me paraît aujourd'hui plus long qu'à l'ordinaire.

LISETTE.

Ce n'est pas que Mme Araminte s'amuse à table : depuis que je la connais, j'ai toujours remarqué que ce n'est jamais où elle est qu'elle se désire ; mais nous avons compagnie.

LISIDOR, *tirant une bague de son doigt.*

En attendant que l'une ou l'autre de ces dames soit visible... te pourrai-je consulter sur ce bijou?

LISETTE, *prenant la bague.*

Comment! c'est la plus jolie bague...

LISIDOR.

C'est un léger cadeau que j'ai dessein de faire.

LISETTE.

Il sera très galant.

LISIDOR.

Mais à une condition, c'est que la personne à qui je la destine ne m'en remerciera pas.

LISETTE.

Elle serait bien ingrate.

LISIDOR, *finement.*

J'espère cependant que tu ne le seras point, Lisette.

LISETTE.

Oh! pour le coup, Monsieur, vous étonnez jusqu'à ma reconnaissance. Que vous êtes charmant! vous joignez au mérite de donner le mérite, plus rare encore, de savoir donner avec grâce. Aussi qui ne s'intéresserait à vous? Si Lucile pouvait disposer d'elle-même, je vous fais caution que le marquis, malgré son élégance et ses talons rouges, ne remettrait jamais les pieds à la maison.

LISIDOR.

Mais tu sais quels étaient avec moi les engagements de Mme Araminte? Serait-elle femme à les oublier? dois-je le craindre? Toi qui la sers depuis longtemps, Lisette, instruis-moi plus à fond de son caractère; indique-moi, de grâce, quels seraient les moyens les plus assurés de lui plaire.

LISETTE.

Des deux choses que vous me demandez, je ferai facilement l'une, parce qu'elle vous intéresse et me contente; nous autres domestiques, dont le ridicule devoir est d'écouter sans cesse et de ne parler jamais, nous avons tant de pénétration à découvrir les défauts de nos maîtres, tant de plaisir à les divulguer! Tenez, cela nous console, nous soulage, et il semble que cette petite médisance, qui dans le fond est bien innocente, allège de temps en temps le poids de l'obéissance et rapproche l'intervalle qui les sépare d'avec nous. Je vous dirai donc bien sincèrement ce que je pense d'Araminte; mais, pour vous indiquer les moyens de lui plaire, dispensez-m'en, je vous en prie ; elle n'y réussirait pas elle-même. Sait-elle jamais ce qu'elle pense, ce qu'elle désire, ce qu'elle veut? Veuve depuis deux ans d'un fort galant homme, mais que ses occupations dans la haute finance empêchaient de veiller un peu soigneusement aux ridicules naissants de son épouse, elle a choisi dès lors pour son idole cette liberté extrême qui, dans l'esprit d'une jolie femme, finit toujours par rendre pénible l'exercice de la vertu. Tour à tour coquette et sensible, incertaine et bizarre, toujours le cœur vide, l'esprit jamais oisif, nous avons successivement aimé la musique et les petits chiens, les magots et les mathématiques. Notre conduite est le résultat des sentiments de la société qui nous environne; et jeune encore, aimable et riche, nous travaillons moins à jouir de la vie qu'à nous étourdir sur notre propre existence.

LISIDOR.

Tu ne prends pas garde, Lisette, que ce portrait est à peu près celui de toutes les femmes de son état : si demain la fortune t'en faisait changer, il deviendrait le tien...

LISETTE.

Peut-être, mais il n'en serait pas moins ridicule. Vraiment, le cœur me dit bien tout bas qu'il n'est pas trop dans les règles du respect de juger ainsi sa maîtresse; mais, ma foi, s'il y a du mal à le penser, il y a bien du plaisir à le dire, et l'un va pour l'autre.

LISIDOR.

Par ce que je viens d'apprendre d'Araminte, il ne m'est pas difficile de soupçonner quel peut être à ses yeux le mérite de mon nouveau rival.

LISETTE.

Votre rival? fi donc! il faudrait, pour qu'il le fût, qu'il eût au moins l'espoir de plaire; mais ne le craignez pas : Lucile, élevée en province, sous les yeux d'une tante respectable, ne connaît que les douces impressions de la nature et de son cœur. Tout charmant, tout extraordinaire que le marquis voudrait bien nous paraître, elle sait apprécier son mérite et s'aperçoit, aussi bien que moi, tous les jours que l'histoire de ses valets, le prix de ses chevaux, le dessin de sa voiture, quelques saillies, de la mauvaise foi, de l'impertinence et des dettes... voilà de cet homme si merveilleux quels sont, en quatre mots, la conversation, les vertus et les vices.

LISIDOR.

Un tel concurrent ne devrait pas être redoutable. Ta vivacité m'enchante; mais ne crains-tu pas, Lisette, de me faire un peu aux dépens de ton cœur les honneurs de ton esprit?

LISETTE.

Eh bien! que penserez-vous de moi? Que je

suis trop sincère? je vous l'avoue, et tout est dit : aussi pourquoi ont-ils des ridicules? S'ils les cachaient mieux, je n'en rirais pas. On n'est indulgent que pour les personnes que l'on chérit, et il est bien difficile d'aimer des gens qui n'aiment rien eux-mêmes. Ah ! qu'il me serait aisé de m'égayer encore aux dépens de la société d'Araminte ! Je vous parlerais de Cidalise la prude, de la minaudière Ismène qui ne peut dire un mot sans l'accompagner de la plus jolie petite grimace...

LISIDOR.

Mais ta maîtresse ne verrait-elle plus cet homme sensé, cet ancien militaire?

LISETTE.

Qui? ce baron philosophe qui dit tout ce qu'il pense et se permet de tout penser ? Si fait vraiment. C'est le tuteur de Lucile; nous lui avons cru pendant quelque temps des vues sur madame. Mais tout cela est fini, il ne vient ici que rarement, ou plutôt il n'y vient jamais qu'il n'y soit conduit par quelque affaire.

LISIDOR.

Je n'ai rien négligé pour le connaître ; malheureusement il vit sans cesse à la campagne, mon état m'enchaîne à Paris.

LISETTE.

Vraiment, il conserve toujours le plus grand crédit sur l'esprit d'Araminte, et s'il voulait... Mais quelqu'un vient; c'est ma jeune maîtresse; son petit cœur lui aura dit que je n'étais pas ici toute seule...

SCÈNE II

LISETTE, LUCILE, LISIDOR.

LUCILE, *d'un ton naïf.*

Ah! vous voilà, Monsieur?

LISIDOR.

Quelles que soient mes occupations, belle Lucile, mes sentiments pour vous se justifient par ma conduite. Je consacre à vous attendre tous les moments où je suis privé de vous voir.

LUCILE.

Je ne m'étonne plus si la fin du dîner m'a tant ennuyée.

LISIDOR.

Que cet aveu m'enchante! Ce qui ne serait qu'un trait ingénieux de la part d'une coquette devient un sentiment dans votre bouche.

LUCILE.

Gardez-vous d'en tirer avantage. Je ne sais plus ce que je vous ai dit; je suis si troublée! ma mère m'a tant grondée!

LISIDOR.

Et pourquoi?

LUCILE.

Figurez-vous qu'elle n'a presque point dîné parce qu'elle se dit malade; moi, j'ai cru lui faire ma cour en l'assurant qu'elle n'avait jamais eu le teint meilleur, et point du tout, je l'ai mise d'une humeur affreuse.

LISETTE.

Vraiment? C'est que vous ignorez encore, Mademoiselle, que rien n'est moins décent dans le grand monde que de jouir d'une santé parfaite; à quelque prix que ce soit, on veut inspirer un sentiment. Une jolie malade se fait plaindre, et, pour la coquetterie, la petite santé est une ressource.

LUCILE.

Ah! je te promets que si j'eusse bien connu ce monde et ses travers, je n'aurais pas tant désiré de quitter la province.

LISIDOR.

Que vous me chagrinez! Ainsi vous haïssez des lieux, belle Lucile, où je puis chaque jour et vous voir et vous jurer que je vous aime!

LUCILE.

Vraiment non... je sais bien que ce n'est pas votre faute. Je ne dois pas vous aimer; mais je puis, je crois, vous avouer que de toutes les personnes qui viennent ici vous êtes le seul dont la conversation me soit chère.

LISIDOR.

Et vous me permettez encore de voir votre douleur sur la résolution que, malgré ses promesses, votre mère a prise de vous unir avec le marquis ?

LUCILE.

Voilà ce qui me désespère.

LISIDOR.

Vous... ne l'aimez pas?

LUCILE.

Je ne le puis souffrir... Si cependant on me l'ordonne...

LISIDOR.

Je vous entends, je sais que l'obéissance est un devoir; mais ce devoir a ses bornes.

LUCILE.

Vous me le répétez sans cesse, et, d'après vos discours et mes livres, je suis quelquefois bien tentée de croire qu'une obéissance aveugle tient un peu du préjugé; mais quand la réflexion me ramène à moi-même, ce que je crois plus fermement encore, c'est que l'exacte observation des bienséances est un des premiers devoirs de mon sexe, et qu'entre le vice et la vertu il n'y a souvent qu'un préjugé de différence.

LISIDOR.

Que vous êtes charmante, et qu'il est rare et beau d'unir tant de raison à tant de grâces! Eh bien, ne parlons plus de désobéissance; mais par quelque résistance au moins tâchons d'obtenir du temps. Si je connais bien Mme Araminte, le marquis, d'un jour à l'autre, peut lui déplaire; l'inconséquence et la légèreté sont le caractère distinctif des gens à la mode, et mon heureux rival peut en un instant perdre tout le crédit que je ne sais quel heureux hasard lui a fait si vite acquérir.

LISETTE, *prenant le milieu du théâtre.*

Oh! ceci me regarde; c'est une petite anecdote que je possède et qu'il est bon de vous conter. Or, écoutez. Notre maîtresse et ses deux inséparables, vous reconnaissez bien Ismène et Cidalise? ennuyées d'un tri et ne sachant sur quoi médire, s'avisèrent de s'occuper. Araminte à ce métier achève une fleur de tapisserie; Cidalise prend nonchalamment un fil d'or, fait approcher de son fauteuil un tambour et brode en bâillant une garniture de robe, tandis qu'Ismène, couchée sur le canapé, travaille un falbala de Marly. On entend des chevaux hennir, l'escalier retentit, un laquais annonce, et le marquis paraît. « Que je suis heureux de vous trouver, Mesdames! mais que vois-je? Que ce point est égal! comme ces fleurs sont nuancées! C'est l'ouvrage des Grâces, c'est celui des fées, ou plutôt c'est le vôtre. » Aussitôt il tire de sa poche un étui, dont assurément on ne le soupçonnait pas d'être porteur, il y choisit une aiguille d'or, s'empare de la soie, et voilà mon colonel qui fait de la tapisserie. On le considère, on l'admire; mais ce n'est rien encore, il quitte Araminte et son ouvrage, il court à Cidalise, lui dérobe le tambour, et déjà sa main légère achève le contour de la fleur à peine commencée. Ismène, la minaudière Ismène, laisse alors tomber un regard, et ce regard veut dire : *Serai-je la seule délaissée? mon ouvrage est-il indigne de vos soins? — Non, Madame, non certainement*, reprend l'impétueux marquis. Il s'élance sur le canapé, saisit un bout du falbala et accélère d'autant plus son ouvrage qu'il est plus jaloux d'être auprès de l'aimable Ismène. Peignez-vous la surprise, l'extase de nos trois femmes : le marquis tire sa montre, suppose un rendez-vous et les quitte; mais que le fripon savait bien avoir gravé dans leurs cœurs la plus profonde idée de son mérite! C'est un homme unique, essentiel : un colonel qui brode, qui fait de la tapisserie; il est charmant, il faut se l'attacher; mais comment? Lucile est fille : eh bien! qu'il soit son époux. Le désirer, le dire et le vouloir, c'est l'ouvrage d'un moment; Araminte prononce, ses deux compagnes approuvent, et c'est ainsi que des rares et précieux talents du marquis mademoiselle devient en ce jour la récompense et la victime... Mais chut! taisons-nous; j'entends madame, et je doute fort que nos petites réflexions lui conviennent.

SCÈNE III

LISETTE, LUCILE, ARAMINTE, LISIDOR.

ARAMINTE.

En vérité, Lisette, vous êtes une fille bien étrange. (*A Lisidor.*) Bonjour, Monsieur. Que faites-vous ici, Lucile? Il me semble, quand j'ai du monde chez moi, qu'une fille aussi grande que vous doit être bonne au moins à faire les honneurs de ma maison.

LUCILE.

Ce n'est que par discrétion que je suis sortie.

ARAMINTE.

Taisez-vous. Je m'aperçois assez, Mademoiselle, que mes plaisirs vous ennuient; mais vous n'exigerez pas de moi, j'espère, que je m'accoutume aux vôtres.

LUCILE.

De grâce, ma mère...

ARAMINTE.

Eh! je sais bien que je le suis. Rentrez, votre

maître à chanter vous attend. (*Lucile sort.*) Ils veulent absolument, Lisette, m'entraîner ce soir au spectacle. (*A Lisidor.*) Je crois, Monsieur, vous faire assez joliment ma cour.

LISIDOR.

A moi, Madame? ce seul mot me pénétrerait de reconnaissance, si j'osais y trouver une explication.

ARAMINTE.

Voilà de grandes phrases. La compagnie est dans le petit salon ; vous, restez dans celui-ci, je veux bien ne pas m'apercevoir que c'est ma fille qui vous y retient, il me semble que cela est fort honnête. Au reste, vous me rendez un vrai service, et si vous pouviez un peu redresser son esprit...

LISIDOR.

J'ai le malheur, Madame, d'être l'homme du monde le moins propre à cet emploi, et, s'il m'était permis de souhaiter quelque chose à votre aimable fille, ce serait de rester toujours la même.

ARAMINTE.

Oh! vos désirs seront parfaitement remplis : c'est dont je tremble... Que faites-vous donc là, Lisette? Ne vous ai-je pas dit que j'allais au spectacle? Il est près de cinq heures. Vous ne songez point à ma toilette.

LISETTE.

Pardon, Madame, mais il y a quelquefois si loin de ce que vous dites à ce que vous faites!

ARAMINTE.

D'accord, mon enfant. Mais aujourd'hui je ne puis disposer de moi-même, je te dis que l'on m'entraîne. (*Lisette sort.*)

LISIDOR.

Je vous en félicite : vous allez, ainsi que tout Paris, admirer ce chef-d'œuvre que chérit plus particulièrement son auteur[1] ; vous mêlerez vos larmes à celles de Mérope.

ARAMINTE.

Moi, Monsieur! je m'en garderai bien. Ah ! ne présumez pas me surprendre à vos lamentables tragédies. Mais, fi donc ! une femme ne sort de ce spectacle que les yeux gros de larmes et le cœur de soupirs. J'ai vu même quelquefois qu'il m'en restait sur le visage et dans l'âme une empreinte de tristesse que toute la vivacité du plus joli souper ne pouvait éclaircir. Et qu'est-ce que tout cela, s'il vous plaît? Un tintamarre d'incidents impossibles; des reconnaissances que l'on devine, des princesses qui se passionnent si vertueusement pour des héros que l'on poignarde

---

1. J'ai eu l'honneur d'entendre répéter plusieurs fois par M. de Voltaire, que *Mérope* était la tragédie qu'il préférait.

quand on n'en sait plus que faire, un assemblage de maximes que tout le monde sait et que personne ne croit, des injures contre les grands et par-ci par-là quelques imprécations, en vérité cela vaut bien la peine d'avoir les yeux battus et le teint flétri.

LISIDOR.

Mais, Madame, il est des personnes...

ARAMINTE.

Eh! vive l'Opéra-Comique, Monsieur; vive l'Opéra-Comique! Le Théâtre-Italien est à mon gré le vrai spectacle de la nation; il n'intéresse point l'âme, il n'attache point l'esprit, il réveille, il anime, il égaye, il enlève.

LISIDOR.

J'ai peine à concevoir comment des pièces en général aussi peu soignées...

ARAMINTE.

Mais ne donnez donc pas dans l'erreur commune, n'imaginez donc pas que ce soit le genre des pièces qui nous y attire. Est-ce qu'on y prend garde? Eh! non, Monsieur, c'est la musique, c'est cette musique brillante qu'il est du bon ton de trouver sublime. Pour les pièces, il y en a que j'ai vues dix fois dont je serais fort embarrassée de vous dire le titre, et pour moi, je fais personnellement si peu de cas des paroles que j'ai toujours chez moi un poète prêt à me parodier les airs qu'il me prend fantaisie de chanter... A propos, on me conseille de vendre ma terre en Champagne. Vous la connaissez, nous en raisonnerons; je placerai cet argent sur ma tête et sur celle de ma fille; cela m'arrangera, ainsi que le marquis, dont l'unique désir est d'augmenter son revenu.

LISIDOR.

Ainsi, malgré l'espoir que vous m'avez permis, il est décidé que le marquis...?

ARAMINTE.

Oui, je lui donne Lucile... et vous ne devez pas m'en vouloir... Je sais bien quelles étaient vos vues; mais il y a dans ce dernier arrangement une sorte de convenance. Vous tenez à votre état; il est triste, je le suis naturellement, et j'ai besoin d'un gendre qui m'égaye. Au reste, je ne réponds point des événements.

LISIDOR.

Et moi, je compte sur eux, Madame; aujourd'hui je cède à mon rival, mais son triomphe pourrait avoir peu de durée. On le dit encore attaché au char d'une certaine comtesse, que sans doute il vous sacrifie. Je ne le soupçonne point d'oser jamais vous sacrifier vous-même. Il est pourtant vrai que, dans le tourbillon qu'il habite, souvent les idées du matin sont contrariées par celles du soir.

ARAMINTE.

Je connais le cœur du marquis.

LISIDOR.

Je le crois.

ARAMINTE.

Que me veux-tu, Lisette?

SCÈNE IV

LISETTE, ARAMINTE, LISIDOR.

LISETTE.

La marquise Céliante...

ARAMINTE.

Cette petite précieuse! quoi! déjà des visites?

LISETTE.

Soyez tranquille, ce n'est que son valet de chambre. Comme elle vient d'apprendre que vous allez ce soir au spectacle, elle vous envoie demander si vous voulez lui donner une place et venir la prendre.

ARAMINTE.

Comment! sérieusement, Céliante me demande?... Mais, en vérité, Lisette, voilà bien la proposition la plus étrange!

LISIDOR.

Vous ne la voyez plus?

ARAMINTE.

Quelquefois encore.

LISIDOR.

Eh bien?

ARAMINTE.

Rêvez-vous, mon cher Lisidor? que je me charge de Céliante, que je la conduise au spectacle! Mais j'aimerais autant y mener ma fille. Vous ne la connaissez donc pas? C'est la plus maussade petite créature, d'une indolence, d'une langueur! Cela n'a pas vingt ans, et madame affecte de ne se parer jamais, elle ne met ni diamants ni rouge. Elle semble dire : « Regardez-moi, je suis jolie, mais ces charmes-là sont à moi; il n'y a point d'art, je n'en ai que faire : la nature a pourvu à tout... » Joignez à cela son impertinente manie de ne porter jamais que des ajustements jaunes et de se placer toujours à côté de moi qui suis blonde.

LISIDOR.

J'ignorais ces motifs; mais seraient-ils assez puissants pour vous faire renoncer au plaisir que vous vous promettiez au spectacle?

ARAMINTE.

Assurément. D'ailleurs où Céliante vit-elle? A-t-on jamais vu quatre femmes d'un certain état se resserrer dans une loge et braver en public tous les hasards de la chaleur? Pour moi, je n'y tiendrais pas, et puis il faudrait au moins cinq ou six hommes pour nous conduire, et tout cela ressemblerait à un lendemain de noces. Allons, que ce tracas-là finisse. Que l'on dise à Céliante que j'ai... ma migraine et que notre partie est remise. Je resterai chez moi, j'y verrai du monde. Faites savoir que je suis visible. (*Lisette sort. A Lisidor.*) Aussi bien le baron m'a-t-il écrit qu'il viendrait ce soir ; s'il ne me trouvait pas, il faudrait bouder des siècles. Mais qu'entends-je? Serait-ce déjà lui ? Je vous garde au moins, Lisidor.

LISIDOR.

Je serai bien flatté de le connaître.

ARAMINTE.

Ne m'abandonnez pas, je vous en prie, à tout l'ennui d'un tête-à-tête de cette espèce. Cet homme est un original dont le caractère... Eh ! bonjour, mon cher baron.

SCÈNE V

LISIDOR, ARAMINTE, LE BARON.

LE BARON.

Bonjour, ma belle dame. Pardon, si j'entre sans façon, sans me faire annoncer, mais ce n'est pas ma faute. Vos gens sont si occupés à jouer dans votre antichambre que, malgré le bruit que j'ai fait, ils n'ont pas daigné m'apercevoir.

ARAMINTE.

Il y a des siècles que vous nous abandonnez.

LE BARON.

D'accord, il y a longtemps que je ne suis venu. Mais que voulez-vous? on ne peut pas être partout. Je ne dis pas partout où l'on s'amuse, car, si on n'allait que là, on resterait souvent chez soi.

LISIDOR.

Ce gentilhomme n'est pas complimenteur.

ARAMINTE.

Vous me paraissez toujours aussi franc qu'à votre ordinaire.

LE BARON.

Et je m'en fais honneur. Il y a tant de gens qui mentent, les uns par goût, les autres malheureusement par devoir, que l'on oublierait enfin l'existence de la vérité, si le cœur de quelque galant homme ne lui servait encore d'asile. Au reste, ce n'est point vous qui me devez reprocher ma franchise, elle vous a souvent été utile et va vous l'être encore aujourd'hui. Je viens vous parler d'affaires.

ARAMINTE.

Oh! je m'y attendais.

LE BARON.

Vous savez que je n'aime pas les visites inutiles; mais savez-vous que l'objet qui m'occupe rend celle-ci très importante? Peut-on s'expliquer devant monsieur?

ARAMINTE.

Il est de mes amis, il est digne d'être des vôtres, sa réputation même vous est déjà connue : c'est M. Lisidor.

LE BARON.

Oui, j'en conviens; vous êtes peut-être, Monsieur, le seul homme dont je n'aie jamais entendu dire que du bien.

LISIDOR.

C'est trop me flatter.

LE BARON.

Entrons donc en matière. Çà, dites-moi, dois-je ajouter foi, ma chère Araminte, au singulier bruit qui se répand de vous dans le monde?

ARAMINTE.

Comment?

LE BARON.

Etes-vous décidée absolument à marier votre fille, sans m'en donner le moindre avis, à un certain marquis, un extravagant, un fou sans mérite?

ARAMINTE.

Doucement, Baron.

LISIDOR, *à Araminte à demi-voix.*

Vous voyez, Madame, que je ne suis pas le seul...

ARAMINTE.

Oui, je sens que vous triomphez... Vous pourriez être mal informé, Baron.

LE BARON.

Je ne le sais que trop bien. Croyez-moi, les gens de mon état et de mon âge ne se compromettent jamais et n'avancent rien sans en avoir des preuves.

ARAMINTE.

Quelles que soient les vôtres, je vous conjure...

LE BARON.

Je vous conjure, à mon tour, de croire que ce

mariage ne se fera point. Je viens tout exprès ici vous proposer un autre parti pour Lucile.

LISIDOR.

Qu'entends-je ?

ARAMINTE.

Et quel est-il ?

LE BARON.

C'est moi.

ARAMINTE.

Quoi ! vous-même, Baron ?

LE BARON.

Oui, moi-même ; que trouvez-vous donc là de si surprenant ? Je suis las de vivre seul au sein d'une maison que ma fortune rend honnête, mais où mon âge n'appelle plus les plaisirs ; je m'ennuie de n'être entouré que de valets qui me volent ou de neveux qui traitent provisionnellement de ma succession avec des usuriers ; et puis, je ne sais, je me sens un certain vide dans l'âme ; enfin je veux me marier. J'épouserai quelque personne honnête qui m'aimera, qui en aura l'air du moins ; je tâcherai d'en avoir bien vite une couple d'enfants, dont l'éducation sera l'amusement, la consolation de mes vieux jours ; en formant leur cœur je jouirai du mien ; cela m'animera, m'occupera, car il faut s'occuper : j'en ai plus besoin qu'un autre, et je ne conçois pas qu'un homme oisif puisse être vertueux.

LISIDOR.

C'est un peu trop vous défier de vos forces, Monsieur, et j'aurais cru qu'une âme aussi bien placée que la vôtre pouvait regarder la liberté comme le premier bonheur de la vie.

LE BARON.

Elle le serait, sans doute, pour qui n'en abuserait pas. Mais le pouvons-nous au milieu des séductions qui nous environnent? Les plaisirs honnêtes ennuient bientôt un homme qui peut se livrer à tous; l'esprit s'y habitue, les sens s'émoussent, le cœur se blase, le goût s'endort, et ce ne sont plus alors que les excès qui le réveillent; du moins je pense ainsi, et voilà ce qui me détermine.

LISIDOR.

Je ne m'attendais point à ce nouveau concurrent.

ARAMINTE.

Votre proposition me flatte en même temps qu'elle m'étonne; songez-vous bien, Baron, que Lucile est si jeune ... ?

LE BARON.

Vraiment, j'avais d'abord jeté les yeux sur vous. Je vous estime, je vous honore, et même, vu votre âge et d'autres considérations, peut-être nous conviendrions-nous beaucoup mieux; mais vous vivez dans le monde, vous l'aimez, il faudrait y renoncer, et je m'apprécie : je n'en vaux pas le sacrifice. C'est à la main de Lucile que j'aspire : elle a été élevée en province ; elle est jeune, assez naïve, il lui en coûtera moins pour se faire à ma façon de penser : car je vous déclare que j'ai dessein de vivre dans mes terres.

ARAMINTE.

Voilà une résolution bien sévère.

LE BARON.

Vous le croyez, vous autres que le tourbillon du monde entraîne, vous ne concevez pas le plaisir qu'il y a de vivre loin du tumulte et chez soi : une maison simple et bien disposée, où l'agréable s'unit sans faste à l'utile, un ciel serein, un air pur, des aliments salubres, des vêtements commodes, une société peu nombreuse mais choisie, des plaisirs vrais que ne suit jamais le repentir, et qui servent à la santé loin de la détruire. C'est là, c'est du sein de son château qu'un bon gentilhomme voit se fertiliser sous ses yeux la terre qu'il a souvent aidé à défricher lui-même. Les arbres qu'il a plantés s'élèvent sous sa vue, et sa joie s'accroît avec eux. Entouré de paysans qui le chérissent en père, il les anime au travail le moins estimé, mais le plus noble ; il les encourage, il les récompense. Ces gens-là ne le louent pas, mais ils le bénissent, et cela vaut mieux. Il connaît ses prérogatives, il n'y déroge pas, mais il rougirait d'en abuser ; il sait qu'il commande à des hommes, et c'est en les rendant heureux qu'il s'assure le droit de l'être lui-même.

ARAMINTE.

Je ne puis m'y refuser, Baron, il y a bien du vrai dans ce que vous dites. Quant à ma fille, j'en suis au désespoir ; mais les engagements que j'ai pris sont d'une nature à ne se pouvoir rompre, et si j'osais manquer aux égards que je dois au marquis, voici monsieur qui depuis longtemps se propose.

LE BARON.

Quoi ! Lisidor aussi prétend à Lucile ?

LISIDOR.

Je l'ai vue, c'est une excuse pour l'aimer, un titre pour lui vouloir plaire. S'il m'eût été possible de vous prévenir sur mes sentiments...

LE BARON.

Il me suffit. Vous savez ce que je pense de vous, et je ne veux pas qu'il soit dit que j'aie jamais fait obstacle au bonheur d'un galant homme.

ARAMINTE.

Sans doute, vous nous demeurez ? On pourra s'amuser ; j'ai du monde.

LE BARON.

Raison de plus pour que je vous quitte.

ARAMINTE.

Au moins revenez souper; j'ai quelques projets à vous communiquer à mon tour.

LE BARON.

J'ai, de ma part, aussi bien des choses à vous dire. Je reviendrai ; mais à condition que nous ne serons pas plus de huit à table, et que les valets sortiront dès qu'ils auront servi.

ARAMINTE.

On fera tout ce qui pourra vous plaire.

LE BARON.

En ce cas, à ce soir. (*A Lisidor.*) Vous m'intéressez, tenez ferme, et, s'il en est besoin, je vous promets mon secours. Au revoir, ma charmante Araminte. (*Il sort.*)

ARAMINTE.

Quoique le baron se plaise à paraître extraordinaire, on ne peut lui refuser un fond de bon sens et de probité.

LISIDOR.

Il serait à souhaiter que tous les hommes lui ressemblassent.

SCÈNE VI

DAMON, ARAMINTE, LISIDOR.

ARAMINTE.

Vous voilà, Monsieur Damon? Que font nos dames?

DAMON.

Elles vont se rendre ici; et, si cela peut vous plaire, Madame, je n'attendrai plus que vos ordres et leur présence pour commencer la lecture de ma tragédie. Vous m'avez paru la désirer.

ARAMINTE.

Oui, j'en serai charmée : cela vient à miracle; je reste chez moi; et, tenez, voilà monsieur (*en montrant Lisidor*) qui pourra vous donner d'excellents avis; c'est un connaisseur.

DAMON.

Je n'en doute pas... Cependant, pour des avis, je les écouterai, sans doute... Mais... ma pièce est finie, Madame, et je crois avoir à peu près tout prévu; ainsi il ne reste plus...

LISIDOR, *en souriant.*

Que des éloges à en faire.

DAMON.

Je l'espère du moins : le choix du sujet a généralement paru très heureux, les situations frappantes, les incidents bien ménagés... Pour la versification, c'est un médiocre avantage, j'en conviens ; mais encore en est-ce un, et, parmi les auteurs naissants, je n'en aperçois pas qui s'avise de me le disputer.

ARAMINTE.

Pour moi, j'ai la plus haute idée de votre ouvrage. Votre mérite a déjà percé.

DAMON.

Il est vrai, Madame ; *j'avais à peine mes dix-neuf ans que je faisais déjà parler mon cœur.*

ARAMINTE.

Il faudra me faire avertir ; quoique j'aie renoncé aux tragédies, je violerai pour vous mon serment... Nous aurons des loges ?

DAMON.

N'en doutez pas ; j'ai toujours compté sur votre bienveillance, et, en vérité, pour nous soutenir dans la carrière des arts, nous avons besoin que les personnes de votre rang daignent semer quelques roses sur les épines dont elle est remplie.

ARAMINTE, *à Lisidor.*

Comme il parle ! (*A Damon.*) Vous pouvez

compter sur moi ; j'y mènerai vingt femmes. Je vous le répète, j'en augure beaucoup. Je juge de votre tragédie par la jolie chanson que vous m'avez adressée le jour de ma fête... Je veux vous la montrer, Lisidor, vous en serez séduit ; elle est tout âme.

SCÈNE VII

LISETTE, LISIDOR, LUCILE, DAMON, CIDALISE, ARAMINTE, ISMÈNE, L'ABBÉ.

(*Les portes s'ouvrent; les deux femmes entrent d'abord. Ismène s'appuie sur le bras de l'abbé. Lisidor va au-devant de Lucile qui suit avec Lisette* [1].)

ARAMINTE, *allant au-devant.*

Eh ! venez donc, mes charmantes... Vous savez notre aventure ?

CIDALISE.

Lisette nous l'a racontée.

ISMÈNE.

Cela est incroyable ; cette petite Céliante a la fureur de se montrer partout.

ARAMINTE.

Il s'agit bien de cela vraiment ! c'est le baron ;

---

1. J'ai, selon mon usage, noté la pantomime de cette pièce dont, sans cette précaution, beaucoup d'endroits seraient inintelligibles.

il sort d'ici ; il est venu tout exprès pour me demander Lucile.

CIDALISE.

La bonne folie ! Mais c'était sur toi que nous avons toutes cru qu'il avait des vues.

ARAMINTE.

Je le soupçonnais sans m'en occuper.

ISMÈNE, *à Lucile.*

Je vous en fais mon compliment, Mademoiselle ; le nombre de vos amants s'augmente avec vos charmes. On dirait que tous les aspirants se sont donné rendez-vous aujourd'hui. Le baron vient de sortir, M. Lisidor est ici, et le marquis ne peut tarder d'y paraître.

ARAMINTE, *à Ismène.*

Ah ! j'espère être bientôt délivrée de toutes ces tracasseries. (*Les domestiques préparent des sièges.*) Voulons-nous nous asseoir ? M. Damon nous doit gratifier d'une lecture.

ISMÈNE, *à l'Abbé.*

Ah ! Ciel ! soupçonnez-vous ce que ce peut être ?

L'ABBÉ.

Je m'en doute, quelque tragédie de sa façon.

ISMÈNE, *à part.*

Je suis déjà morte. (*Haut.*) Monsieur, nous la lirez-vous tout entière ?

DAMON.

Mais... comme il vous plaira, Mesdames.

ISMÈNE.

C'est qu'une tragédie, je crois, est bien longue ; cela pourrait vous fatiguer.

DAMON.

Oh ! point du tout, Mesdames : on oublie aisément ses peines quand on réussit à vous amuser. Je vais commencer... (*On s'assied.*)

ARAMINTE, *à Ismène.*

Vous n'avez donc rien gagné sur notre cher abbé ?

ISMÈNE.

Je le vais bouder pour la vie ; il est d'une maussaderie insoutenable.

L'ABBÉ.

Mais... c'est vous, Mesdames, qui êtes de la dernière barbarie. Est-ce jamais après le dîner que l'on chante ? J'ai la poitrine si cruellement fatiguée !... A peine puis-je parler... (*Il tousse.*) Vous voyez... J'ai passé la moitié de la nuit chez une jeune duchesse où l'on m'a fait impitoyablement chanter un acte de l'Opéra et six romances... Il y a des gens qu'on n'ose refuser.

ARAMINTE.

C'est-à-dire que vous nous rangez dans la classe de ceux que l'on peut refuser sans crainte.

L'ABBÉ.

Point du tout; mais, au défaut de la harpe, au moins, pour chanter, faudrait-il une guitare. (*Lisette sort.*)

CIDALISE.

C'est malice toute pure; les gens de son état sont accoutumés qu'on les cajole.

ISMÈNE.

Ce sont de petits mortels assez heureux.

DAMON.

Le sujet de ma tragédie...

L'ABBÉ.

Il est vrai que l'on nous accueille. Sans devenir la terreur des maris, nous faisons quelquefois l'amusement des dames.

ISMÈNE.

Ce n'est point en ce moment; ou votre complaisance...

LISIDOR.

Ne vous fatiguez pas, Mesdames; je connais monsieur l'abbé : il ne chantera point, vous l'en priez trop.

ARAMINTE.

J'entends quelqu'un; serait-ce déjà le marquis?

SCÈNE VIII

LISETTE, LISIDOR, LUCILE, DAMON, CIDALISE, LE MÉDECIN, ARAMINTE, ISMÈNE, L'ABBÉ.

LISETTE.

C'est votre médecin, Madame.

ARAMINTE.

Qu'il entre; j'en suis ravie, qu'il entre. Venez, je vous sais bon gré de ne pas m'abandonner. Ismène, je vous demande votre confiance pour monsieur... Un fauteuil, Lisette... Ce cher docteur, c'est qu'il est bien moins mon médecin que mon ami. C'est par attachement qu'il me traite, et dans ma dernière migraine il ne m'a pas quittée d'une minute.

LE MÉDECIN.

Que voulez-vous? Quoique vous nous fassiez mourir, il faut bien songer à vous faire vivre... Toutes vos santés, Mesdames, me paraissent assez belles?

ARAMINTE.

Oh ! point du tout.

DAMON, *à part.*

Me voilà perdu.

L'ABBÉ, *à Ismène.*

Vous croyez aux médecins, Madame ?

ISMÈNE.

Comme aux abbés.

L'ABBÉ.

Toujours méchante.

LE MÉDECIN.

Comment donc ! Quelles sont ces indociles maladies que notre sagacité ne peut réduire ? Oh ! nous en viendrons à bout, Madame... Voyons... justement... l'estomac délabré... Et l'appétit ?

ARAMINTE.

Est-ce qu'on mange ?

LE MÉDECIN.

Crachez-vous ?

ARAMINTE.

Je crois que oui.

LE MÉDECIN.

Tant mieux. Poursuivons... Nous avons des nuages devant les yeux, des disparates dans la tête ?

ARAMINTE.

Précisément.

LE MÉDECIN.

Je l'aurais gagé... Allons, allons, il faut prendre un parti sérieux ; il faut du régime, se mettre à l'eau de poulet. Je vous jure qu'avec des bols de savon nous parviendrons à atténuer ces humeurs errantes.

LISIDOR.

Des bols de savon ?

LE MÉDECIN.

Oui, Monsieur : c'est un spécifique divin que, depuis deux ans, je réussis à mettre à la mode. Les anciennes drogues dont nos ancêtres faisaient usage pouvaient convenir à leurs santés robustes et grossières ; mais aujourd'hui tout doit être soumis aux lois de notre délicatesse et de nos grâces. Voudriez-vous, par exemple, que je déchirasse l'estomac d'une jolie malade avec du miel aérien qui ne purge que par indigestion ?

L'ABBÉ.

Oserais-je vous demander, Monsieur, ce que c'est que du miel aérien ?

LE MÉDECIN.

C'est de la manne, Monsieur l'abbé, c'est de la manne. Non seulement nous avons renoncé aux drogues antiques, mais nous avons encore changé leurs dénominations vulgaires.

ARAMINTE.

Il est charmant.

DAMON, *à part.*

Oh ! des gens aussi superficiels ne sentiront jamais les beautés mâles de ma tragédie.

LE MÉDECIN, *à Ismène.*

Et vous, Madame, pour lier connaissance, n'avez-vous pas quelque confidence à me faire ?

ISMÈNE.

Mais vraiment oui.

L'ABBÉ.

Vous allez aussi consulter ?

ISMÈNE.

Sans doute ; ne me connaissez-vous pas de la langueur, des tiraillements ?

L'ABBÉ, *à part.*

Je n'y tiens plus.

(*L'Abbé se lève, se promène, ouvre des livres de musique, prend une guitare.*)

LE MÉDECIN.

Doucement, s'il vous plaît, Madame, doucement. De la pesanteur, dites-vous, des dégoûts ?... M'y voici... quelques éblouissements... des impatiences de fibres... Vapeurs que tout cela, vapeurs... Le fluide nerveux que la chaleur électrise... des nerfs qui se crispent... une sorte de spasme... Vous portez sur vous des eaux de Cologne, de fleurs d'orange ?

ISMÈNE.

Toujours.

LE MÉDECIN.

C'est bon. Il faut conserver cet usage-là. J'irai demain matin vous faire ma cour ; je serai bien aise de vous voir un peu assidûment, afin de mieux étudier les causes de votre état.

LISIDOR, *à Lucile.*

Le ridicule personnage !

CIDALISE.

Plus je l'écoute, plus il m'enchante.

DAMON, *en se levant.*

Comme les moments s'écoulent ! Si vous vouliez permettre, Mesdames...

ARAMINTE.

Ah ! de grâce, Monsieur Damon, quartier. Laissez-nous jouir du cher docteur.

DAMON, *à part.*

J'enrage : où me suis-je fourré ?

LE MÉDECIN.

Et vous, belle Cidalise ?

CIDALISE.

Je ne suis guère mieux.

LE MÉDECIN.

Je le crois. C'est contre mon avis que vous avez fait éventer la veine. Mais voilà comme vous êtes, Mesdames : depuis que votre petit chirurgien s'est donné le renom d'un joli saigneur, il vous fait tourner la cervelle... Je devrais, pour vous punir, vous abandonner à sa lancette inhumaine, vous laisser épuiser jusqu'au blanc : mais vous êtes si intéressante ! Voyons ce pouls ; il est fréquent, mais égal : l'appétit, je parie, modeste, mais franc ; et le sommeil rare, mais doré. Je ne vous conseille pourtant pas de vous tranquilliser sur ce prétendu bien-être : il faut du régime, de l'exercice et de la petite diète... A vous, mon aimable demoiselle.

LUCILE.

Oh ! Monsieur, je me porte très bien.

LE MÉDECIN.

Je n'en crois pas un mot.

LUCILE.

Mais j'en suis bien sûre, moi.

ARAMINTE.

Eh bien ! n'allez-vous pas faire ici la ridicule, quand monsieur le docteur a pour vous des complaisances ?

LE MÉDECIN.

Il suffit : ne chagrinons point cette chère enfant ; ne contraignons personne. La vivacité de ses yeux cependant me fait soupçonner dans son sang une sorte d'effervescence dont je croirais prudent de prévenir les effets par de petits calmants, par quelque préparation d'aconit ou de ciguë, que nous lui proposerons dans une crème aux pistaches.

LISIDOR.

En vérité, Monsieur, j'ai cru jusqu'à ce moment qu'un habile médecin ne devait consacrer ses lumières qu'à soulager, ou du moins consoler la faible humanité ; mais vos savants discours ne tendent qu'à l'épouvanter. De grâce, laissez-nous attendre les maux ; nous n'aurons que trop tôt recours aux remèdes.

LE MÉDECIN.

Voilà précisément ce que pense un peuple de médecins qui ne songent qu'à guérir. Mais moi, Monsieur, mais moi, j'étudie le caractère, la tournure d'esprit de mes malades ; je prévois les accidents, et j'aime mieux préparer, et même, dans l'occasion, prolonger une maladie, que de trancher dans le vif, et vous rendre en huit jours une santé grossière dont on ne jouit dans le monde que pour en abuser.

LISIDOR.

Voilà certainement une étrange politique !

L'ABBÉ, *préludant.*

La, la, la, la, la.

CIDALISE.

Chut ! taisons-nous.

DAMON, *lisant.*

Tant mieux... Scène première... HYDASPE.

Du centre des déserts de l'inculte Arménie.

CIDALISE, *l'interrompant.*

Paix donc ! l'abbé ne se doute pas qu'on l'écoute.

L'ABBÉ *chante.*

Serait-il vrai, jeune bergère,
Que mes soins n'ont pu vous charmer?
Que d'efforts il faut pour vous plaire!
Il n'en faut pas pour vous aimer.

LE MÉDECIN:

Voilà du délicieux.

ARAMINTE.

Personne ne chante mieux que lui.

LISIDOR.

Surtout quand on ne l'en prie pas.

L'ABBÉ.

Comment! est-ce que j'ai chanté?

ISMÈNE.

Oui, par distraction, ou par contradiction plutôt. Mais on vous le pardonne; la bizarrerie est l'apanage du talent.

L'ABBÉ.

Quand j'osai découvrir ma flamme,
J'attendais un sort plus heureux.
Tout le feu qui brûle mon âme
Ne peut-il qu'animer vos yeux?

Amour, dans ses bras tu reposes;
De son teint tu peins la blancheur.
Je t'ai vu sur son sein de roses;
Je te cherche encor dans son cœur [1].

---

1. Cette chanson est, ainsi que la romance du *Sorcier*, l'imitation d'un sonnet du chevalier *Zappi*.

ISMÈNE.

L'air est charmant.

LE MÉDECIN.

Expressif.

L'ABBÉ.

Le trouvez-vous? Ce n'est en vérité que l'ouvrage d'une matinée.

ARAMINTE.

Il est de vous ?

L'ABBÉ.

Oui, Mesdames.

DAMON.

Les paroles...

L'ABBÉ.

Eh bien, là, sincèrement, qu'en pensez-vous ?

DAMON.

Ma foi, je les trouve assez médiocres.

L'ABBÉ.

Tout le monde, Monsieur, n'est pas de votre avis ; et quand je les ai composées...

ARAMINTE.

Comment ! elles sont aussi de vous ? Mais il est universel, notre cher abbé !

L'ABBÉ.

Monsieur n'a pas daigné saisir l'union intime, le tour de chant, la phrase musicale... Je vais recommencer.

LE MÉDECIN, *se levant.*

Je suis pénétré de ne pouvoir vous entendre.

ARAMINTE.

Vous nous demeurez à souper ?

LE MÉDECIN.

Est-ce que cela m'est possible ? Je cours au Marais : les insomnies y sont fort à la mode ; de là au faubourg Saint-Germain, où règnent les petites fièvres. J'ai vingt santés à consulter. En vérité, quand je songe à toutes mes courses, le sort de mes chevaux me fait pitié. J'ai condamné la vieille Orphise.

ARAMINTE.

Décidément ?

LE MÉDECIN.

Oui ; cela est fini. Elle s'est entêtée d'un certain empirique... Je vous conterai quelque jour son aventure. Adieu, Mesdames. (*A Araminte.*) Du régime, je vous en prie. (*A Ismène.*) Je serai demain à vos pieds. (*A Cidalise.*) De grâce, congédiez-moi votre petit chirurgien. (*A Lucile.*) Bonjour, ma belle poulette. (*Aux hommes.*) Messieurs, je vous salue. (*Il sort.*)

SCÈNE IX

LISIDOR, LUCILE, DAMON, CIDALISE, ARAMINTE, ISMÈNE, L'ABBÉ.

DAMON.

Je puis espérer qu'à présent...

ARAMINTE.

Oui, cela est trop juste. Commencez, Monsieur Damon.

L'ABBÉ, *à part.*

On ne s'occupe plus de nous, sortons. (*Haut.*) Mesdames, vous m'excuserez.

ISMÈNE.

Comment !

L'ABBÉ.

Je n'ai pas l'honneur de me connaître en tragédies. D'ailleurs, mon suffrage importe peu à monsieur. Nos goûts diffèrent; les paroles que j'ai chantées lui ont déplu.

ARAMINTE.

Liberté tout entière, mon cher abbé ; mais, si

vous vouliez être tout à fait charmant, vous auriez la complaisance d'accompagner ma fille à son clavecin. Je ne la crois pas curieuse des grands poèmes. Le baron, qui ne peut tarder à revenir, serait charmé de vous entendre, et Lucile apprendrait de vous quelque jolie romance.

(*L'abbé salue Araminte, baise la main d'Ismène, et présente la sienne à Lucile après avoir dit :*)

L'ABBÉ.

Il suffit que cela vous plaise, Madame ; il n'est rien que je ne vous sacrifie. Je vous suis, Mademoiselle.

LISIDOR, *à Lucile.*

Que ne puis-je vous accompagner ! (*Lucile sort avec l'abbé; Lisette les suit.*)

SCÈNE X

LISIDOR, DAMON, CIDALISE, ARAMINTE, ISMÈNE, *ensuite* LISETTE.

ISMÈNE.

Eh bien! ai-je tort de protéger l'abbé? Est-il rempli de complaisance?

ARAMINTE.

J'aimerais bien qu'il en manquât chez moi! Ah çà! rien ne nous occupe. A vous, Monsieur Damon.

DAMON, *prenant la main de Lisidor, qui est distrait.*

Suivez-moi, Monsieur, s'il vous plaît; le titre de ma tragédie est *Cyrus, fils de Cambyse.* Vous savez, Mesdames, que le tyran Astyage...

ISMÈNE.

Mais, puisque monsieur veut nous lire, ma toute bonne, si nous demandions des cartes?

DAMON.

Comment!

ARAMINTE.

N'est-ce pas à vous à commander chez moi? Lisette, allons, vite, une table. (*Lisette arrive et fait apporter une table.*)

ISMÈNE.

Lisidor, je crois, n'est pas joueur. Il écoutera mieux, et nous ferons un tri, nous autres, pendant que M. Damon lira sa tragédie.

DAMON, *à part.*

Ah Ciel! je n'en puis revenir. (*On dispose la table.*)

CIDALISE.

C'est on ne peut mieux imaginé. Tu sais, ma chère, que je ne puis vivre un moment dans l'inaction.

LISETTE.

Voilà tout préparé.

DAMON.

Quoi! Mesdames, est-ce bien sérieusement?

ISMÈNE.

Oui... Vous allez voir... Cela ne dérange rien; au contraire. Tirons d'abord les places. Bon! Araminte, Cidalise et moi... Vous, allez vous mettre ici... (*Elle dispose une chaise, qu'elle place au coin de la table qui doit être au côté gauche du théâtre.*) Oui, là. Vous nous tournerez le dos, afin d'être moins distrait.

LISIDOR, *à part.*

Voilà des auditeurs bien attentifs!

DAMON, *à part.*

Non, je ne sais où j'en suis. Pauvres talents, comme on vous humilie! Oh! qu'il est cruel d'avoir besoin de certaines gens! N'importe... (*Il remet son cahier dans sa poche.*) Adieu, Mesdames, c'est moi qui craindrais de vous distraire de vos grandes occupations... J'en aurais du regret... Et... je suis votre serviteur.

(*Il sort.*)

SCÈNE XI

LISIDOR, ISMÈNE, ARAMINTE, CIDALISE, *jouant.*

CIDALISE.

Je crois tout de bon qu'il s'en va.

ARAMINTE.

J'en suis extasiée. Mais que dites-vous donc de ce petit auteur?

ISMÈNE.

Qu'il est impertinent. Ne faut-il pas tout quitter pour écouter la tragédie de monsieur?

CIDALISE.

Je la crois détestable.

ARAMINTE.

Cela ressemble à tout, ou n'a pas le sens commun.

LISIDOR.

Le trouvez-vous bien récompensé des soins qu'il prend pour vous plaire et de la jolie chanson qu'il vous a jadis adressée?

ARAMINTE.

Comment! vous approuvez sa conduite?

LISIDOR.

Oh! point du tout, Madame; je suis chez vous, je pense qu'il a tort.

ARAMINTE.

Allons, venez me conseiller... Le cœur n'est-il pas la surfavorite?

SCÈNE XII

ISMÈNE, ARAMINTE, CIDALISE, *jouant;* LISIDOR, *tantôt derrière le fauteuil d'Araminte, tantôt se promenant;* LE MARQUIS, *qui se place à la droite d'Ismène. La table est à la gauche du théâtre.*

LE MARQUIS, *dans la coulisse.*

Oui, oui, j'arrangerai tout cela. Je verrai, j'irai, je parlerai.

CIDALISE.

C'est le marquis.

ISMÈNE.

C'est lui-même.

LISIDOR.

Je vais donc voir ce dangereux rival.

(Le Marquis entre.)

CIDALISE.

L'étourdi! Pourquoi venir si tard? Voilà notre partie arrangée. Nous aurions fait un reversi.

LE MARQUIS.

Ma foi, Mesdames, on arrive quand on peut. Il est pourtant réel que, pour tarder moins, je n'ai pas dormi quatre heures. Aussi suis-je anéanti... (*A Lisidor :*) Monsieur, je vous salue. Mais vous êtes bien seules, Mesdames! Oh! voilà qui est décidé : je termine dès demain ma satire contre les bals. En honneur, c'est un attentat contre la vie des citoyens.

ARAMINTE.

Pourquoi les suivre tous? pourquoi déranger sa santé ?

LE MARQUIS.

Comment voulez-vous qu'on fasse? Faut-il se résoudre à passer pour un anachorète, un ridicule, un sage? Vraiment, la santé se délabre; il y a près de dix ans que je ne puis accoutumer la mienne à se soumettre à mes fantaisies. Mais, après tout, si l'on avait une santé, pourrait-on soutenir une campagne, vivre à la cour, s'amuser à Paris?

ISMÈNE.

Il a raison... Allons, voyons pourtant; ce sera en pique, le roi de trèfle.

LE MARQUIS.

A propos, dites-moi donc; je viens de rencontrer le bel esprit Damon : il m'a paru d'une humeur sanglante. J'ai, d'honneur, cru que c'était à moi qu'il en voulait.

CIDALISE.

Il venait nous lire toute une tragédie... La préférence.

LE MARQUIS.

Ah! Ciel!

ARAMINTE.

Je te la cède. J'avais pourtant un assez joli médiateur de ce côté.

LISIDOR.

Il était sûr.

ISMÈNE.

De grâce, point de conseils. (*Pendant ce temps le Marquis regarde le jeu d'Ismène, et lui présente du tabac.*)

ARAMINTE.

Ne crains rien; je suis d'un guignon décidé... Le roi de carreau... Pour revenir au petit Damon, il s'est avisé de prendre de l'humeur, je ne me souviens plus sur quoi, et, tout en grondant, il nous a débarrassées de sa personne et de son ouvrage.

LE MARQUIS.

Ah! je respire. Le dénouement n'est pas malheureux. Est-ce qu'on fait de ces espèces-là sa société? Il est des gens de lettres d'un vrai mérite avec qui l'on se fait honneur d'être lié; mais, pour ceux-ci, on les reçoit quelquefois le matin, pour leur commander une chanson, ou bavarder pendant que l'on s'habille ; ou, le soir, oui, le soir, on en rassemble une couple : on les excite, on les irrite l'un contre l'autre ; alors ils s'attaquent, ils s'accablent d'épigrammes, s'injurient, se déchirent : cela est plaisant, divin. Tenez, cela ressemble assez aux combats de coqs que l'on donne à Londres ou sur nos navires. C'est un cadeau dont je veux vous régaler. Il est vrai qu'il en résulte le petit désagrément de les saluer le lendemain en public ; mais on a ri, et cela console.

ARAMINTE.

Il est affreux de ne pouvoir jouer une seule fois.

LISIDOR.

Madame, à la vérité, n'est pas heureuse.

LE MARQUIS.

Aussi vous ne risquez jamais rien. Il faut savoir brusquer la fortune. Mais vous me ressemblez : vous êtes trop prudente. Ce matin, cependant, j'ai pensé avoir ce qui s'appelle une affaire.

ARAMINTE.

Toujours des aventures. Et quelle est celle-ci?... Je passe.

LE MARQUIS.

Vous connaissez mon cocher, sa témérité, sa

fierté, son bouquet, ses moustaches : c'est un coquin... je l'aime à la folie. Je veux pourtant le gronder. Ce maraud-là me fera quelque jour une scène. Il s'est avisé de couper un triste berlingot, dans le fond duquel s'enterrait je ne sais quel personnage. Mon homme s'est fâché, a baissé sa glace, a prétendu que je devais connaître sa livrée, ses armes. Ma foi, moi, je ne connais guère que celles du roi et les miennes. Je descends de ma voiture; il m'imite; on s'échauffe, les valets se battent, le peuple accourt, et mon hibou, tout essoufflé, tout murmurant, est remonté dans sa cage en m'annonçant qu'il s'allait plaindre...

LISIDOR.

Mais cette affaire, Monsieur, pourrait devenir sérieuse; il serait de la prudence de prévenir...

LE MARQUIS.

Oh! parbleu, qu'il se plaigne. Vous verrez qu'on ne pourra plus courir Paris sans avoir le blason dans sa poche.

LISIDOR, *à part.*

Je sais à présent à quoi m'en tenir sur le compte de mon rival.

LE MARQUIS.

Que vois-je? ce cher métier est encore monté? ce fauteuil n'est point fini? Mais à quoi tuez-vous donc le temps? Oh! cela prouve bien qu'il y a longtemps que je ne vous ai donné de bons exemples, que je n'ai mis la main à l'ouvrage.

ISMÈNE.

Oh! oui, il vous sied bien de parler d'ouvrage! vous êtes cause que ma petite robe n'est point montée. Vous vous donnez les airs de m'emporter un rang de falbala, sous prétexte d'y travailler.

LE MARQUIS.

Aussi fais-je : mais peu vous importe, pourvu que vous grondiez et que vous fassiez aux gens une petite moue, que vous savez bien qui vous rend plus charmante encore... Tenez, vous ne ménagez point vos amis; c'est votre défaut, Ismène. Eh bien, je vous jure que je n'ai que votre falbala dans la tête, que je m'en occupe sérieusement.

LISIDOR, *à part.*

La belle occupation!

LE MARQUIS.

Hercule filait pour Omphale. Vous surpassez la maîtresse en beauté; je ne me pique pas d'avoir toute la célébrité de l'amant, mais, au moins, suis-je jaloux de l'égaler en complaisance comme en courage. Si je vous prouvais que je n'ai cessé ce matin de travailler à votre ouvrage en raisonnant avec mon avocat; que je le porte toujours sur moi...

ISMÈNE.

Bonne plaisanterie!... Donnez-moi spadille.

LE MARQUIS.

Parbleu! votre petite incrédulité mérite d'être confondue. Tenez, tenez. (*Il tire différentes choses de sa poche, enfin un sac à ouvrage.*) Non, ce n'est pas cela; ce sont les jarretières de Lise, les nœuds de Chloé... Ah! bon, voici votre affaire.

ISMÈNE.

Que vois-je? avec le sac! il est charmant. (*Aux femmes :*) Vous permettez? Comment! un étui, des ciseaux, des aiguilles?

LE MARQUIS.

Oh! rien ne me manque.

CIDALISE, *jetant son jeu.*

Cela est rebutant. En vérité, Monsieur le Marquis, vous êtes très aimable; mais vous pourriez attendre la fin de la partie. On ne peut s'occuper de son jeu et vous écouter.

LE MARQUIS.

Bon! de l'humeur! Allons, la paix, on se taira. Je vais, pendant que vous finirez, m'amuser à cette tapisserie. Mais, diable! dussiez-vous m'en vouloir encore, j'oubliais précisément ce que je suis venu tout exprès pour vous dire. (*Il enfile une aiguille.*) C'est une chose assez particulière.

ARAMINTE.

Comment donc?... C'est à vous à parler, Cidalise.

LE MARQUIS.

Vous connaissez bien le comte d'Orvigni ?

CIDALISE.

Oui vraiment... Nous en sommes aux tours doubles.

LISIDOR.

Quoi! cet ancien militaire, cet homme respectable?

LE MARQUIS.

Justement... Eh bien, il est mort!

ISMÈNE.

Cela est incroyable... Je demande...

LE MARQUIS.

Il s'est avisé d'expirer subitement hier au soir.

ARAMINTE.

Vous me désolez... Voilà mon roi, deux fiches.

LE MARQUIS.

Cela dérange beaucoup le souper qu'il devait nous donner.

LISIDOR.

Il était votre intime ami, Madame.

ARAMINTE.

Vraiment oui; vous m'en voyez pénétrée... C'est à vous à parler, Cidalise.

LE MARQUIS.

Il n'a pas eu le temps de mettre le moindre ordre dans ses affaires.

ARAMINTE.

Je le jouerai sans prendre... Cela est cruel, Marquis... Le coup est assez beau... Sa pauvre veuve... C'est en cœur, Mesdames.

ISMÈNE.

En favorite! nous voilà ruinées... Mais que ne fait-elle des démarches?

ARAMINTE.

Sans doute... Spadille... Mon cher comte... Manille... Il m'a rendu de très grands services... Valet, dame et roi de cœur.

LE MARQUIS.

Nous lui avons conseillé de prendre un parti dans cette affaire.

ISMÈNE.

C'est tout simple... Doucement, j'ai baste et encore une main.

ARAMINTE.

Il laisse de petits enfants... J'aurais gagé pour la volte... Marquis, vous m'avez serré le cœur... Il me revient encore deux fiches.

SCÈNE XIII

ISMÈNE, ARAMINTE, CIDALISE, LISIDOR, LE MARQUIS, LISETTE.

LISETTE, *accourant.*

Ah! Madame, votre serin vient de s'échapper.

ARAMINTE.

Mon serin privé? Juste Ciel! Eh! vite, suivez-moi, Lisette. (*Elle sort avec Lisette.*)

ISMÈNE.

Comment! elle nous quitte?... Mais cela est unique! En vérité, ma bonne, notre chère Araminte est d'un ridicule rare avec sa passion pour les animaux.

LISIDOR.

On ne peut douter que cet oiseau ne lui soit cher, puisqu'elle lui sacrifie les suites d'une partie dont la mort d'un de ses amis n'a pu la distraire.

LE MARQUIS.

Oh! vous ne la connaissez pas. Si vous l'aviez

vue comme moi, à table, entourée de chats, de chiens, de singes, de catacouas; elle les baise, les fait impitoyablement baiser à la ronde, partage avec eux son assiette... C'est un charme. Mais aussi est-ce un petit plaisir dont elle ne régale que ses plus intimes amis.

LISIDOR.

Il est heureux pour vous, Monsieur, d'être de ce nombre. (*A part.*) J'en ai bien assez vu. Quittons ce cercle d'étourdis et ne songeons qu'à ménager la bonne volonté du baron et le cœur de Lucile. (*Il fait une révérence, qu'on lui rend, et sort.*)

CIDALISE.

Ce petit robin ne te semble-t-il pas un ennuyeux personnage?

ISMÈNE.

Passablement.

LE MARQUIS *se lève et va à la table.*

On m'a dit qu'il se donnait les airs d'être mon rival : par exemple, voilà de ces choses auxquelles je ne saurais m'accoutumer.

ISMÈNE.

Prétends-tu t'enterrer ici jusqu'au souper? Si nous faisions un tour de boulevard?

CIDALISE.

Cela n'est guère décent que la nuit; on court les parades, les spectacles.

LE MARQUIS, *ayant pris la place d'Araminte.*

Oui, les fantoccini... Oh! ils sont divins, étonnants; moi, en honneur, c'est le seul spectacle qui m'amuse.

ISMÈNE.

Ah çà, nous voilà seuls. De bonne foi, Marquis, comment conduisez-vous la grande comtesse?

LE MARQUIS.

Quoi! vous n'êtes point au fait?... Je l'ai quittée.

CIDALISE.

Sérieusement?

LE MARQUIS.

Pouvais-je y tenir? C'est la plus exigeante de toutes les prudes : il faudrait toujours être là, ne la pas quitter d'une minute. Ah! parbleu, je me suis ménagé avec elle la rupture la plus signalée. Vous n'imagineriez jamais quelle était sa folie... le mariage.

CIDALISE.

Vous badinez.

LE MARQUIS.

Non, madame a la manie d'être épousée.

ISMÈNE.

Mais elle est femme de qualité, d'un âge très convenable, et il faut que vous aimiez bien éperdument votre petite bourgeoise de Lucile pour la préférer.

LE MARQUIS.

Moi, de l'amour, des passions! Ah! parbleu, vous ne me connaissez guère. Prenez garde que Lucile est toute charmante, un vrai bijou; oui, c'est précisément ce qu'il me faut : point d'esprit, peu de figure; cela ne marquera point trop dans le monde, et ses soixante mille livres de rente... Ah! ma chère Ismène, quelle petite maison brillante! que de chevaux, de chiens, de valets! Laissez, laissez faire. Oh! je sais bien ce qu'il me faut.

CIDALISE.

Vous n'y pensez pas vous-même, si c'est l'intérêt qui vous conduit.

LE MARQUIS.

Non pas absolument. Vous imaginez bien que je ne calcule guère, moi; mais, en vérité, la vie que je mène m'accable, la multiplicité des aventures m'excède. Savez-vous, Mesdames, qu'il faudrait être de fer pour résister aux fatigues de vous faire sa cour! Toujours des assiduités, des soins, des rendez-vous; c'est à ne pas finir. Du moins, quand on est marié, on se tranquillise, on demeure chez soi, on y reçoit ses amis dans sa robe de chambre, on s'y fait soigner par sa femme.

CIDALISE.

C'est une raison de plus pour retourner à la comtesse ; elle est d'un âge convenable, et, sans vous mésallier, vous jouiriez alors d'une fortune qui surpasse de beaucoup celle de Lucile.

LE MARQUIS.

Vous plaisantez ; oh ! je ne me suis brouillé qu'après avoir pris là-dessus les informations les plus exactes.

ISMÈNE.

C'est vous-même qui, je crois, êtes le seul dans Paris à ignorer que, depuis votre rupture, elle est devenue l'unique héritière de son oncle le commandeur.

CIDALISE.

Et qu'elle joint à présent à la réputation de jolie femme celle de femme très opulente. Aussi le petit chevalier lui fait-il assidûment sa cour.

LE MARQUIS.

Écoutez donc, Mesdames, un moment : ceci mérite toute mon attention. Le petit chevalier me voudrait ravir la comtesse ! Oh ! nous allons voir. Ce que vous m'apprenez change beaucoup mes vues, et tout bonnement je serais tenté de rendre Lucile à son robin. Moi, j'aime à faire des heureux.

ISMÈNE.

Cela serait peut-être aussi généreux que sage.

LE MARQUIS.

La comtesse me sacrifie à l'instant qu'elle hérite ! Oh ! parbleu, je lui apprendrai à mieux choisir ses moments. Allons, allons, j'y vais mettre ordre et vous prouver que je sais soutenir mes droits. Comme vous dites, la comtesse est jolie femme ; elle mérite toutes sortes d'égards. Allons, il est de bonne heure, mon équipage m'attend, je vole chez elle. Tâchez d'arranger tout cela avec Araminte. Elle est minutieuse, elle boudera. Ces bourgeoises se formalisent de la plus petite chose : voyez, calmez-la. Lisidor est un galant homme ; je ne serais même pas fâché qu'il m'ait quelque obligation. Pardon, mille fois pardon si je vous quitte. J'en suis honteux, désespéré. Mais vous n'ignorez pas que je suis le premier à plaindre, puisque je vous laisse en partant et tous mes regrets et mon cœur.

CIDALISE.

En effet, on appelle cela savoir prendre son parti.

SCÈNE XIV

ARAMINTE, CIDALISE, ISMÈNE; LE BARON, LISETTE *et* LISIDOR *arrivent un instant après.*

ARAMINTE.

J'ai retrouvé mon serin; je vous ai quittées bien brusquement, j'en conviens; mais vous connaissez ma sensibilité.

ISMÈNE.

Aussi ne songeons-nous qu'à te féliciter.

ARAMINTE.

Bon! les malheurs se succèdent : Lisidor et le baron me suivent. Je suis persécutée de tous les côtés... Mais où donc est le marquis?

ISMÈNE.

Tu ne le croirais pas! Il est allé reprendre les fers de sa belle comtesse qui vient d'hériter.

ARAMINTE.

Comment?

CIDALISE.

Nous t'expliquerons cela plus en détail; mais, dans ce moment-ci, ce que tu as de mieux à faire est de pourvoir ta fille et de ne plus penser au plus étourdi et au plus inconséquent de tous les hommes.

SCÈNE XV ET DERNIÈRE

LE BARON, LISIDOR, ARAMINTE, CIDALISE, ISMÈNE.

LE BARON.

Oh çà, ma chère Araminte, voici le moment décisif. Je viens vous demander Lucile pour M. Lisidor. Elle l'aime, il le mérite, et je vous déclare que je me brouille à jamais...

ARAMINTE, *à Lisidor*.

Vous arrivez très à propos, Monsieur; j'avais à vous dire qu'il ne tient plus qu'à vous d'être mon gendre.

LISIDOR.

Qu'entends-je? Quel bonheur!

LE BARON.

Et votre marquis...?

ARAMINTE.

De grâce, mon cher baron, ne m'obligez point à rougir à vos yeux de ma ridicule prévention en sa faveur. Il m'a rendu service en m'apprenant ce que je devais penser de tous les gens de son espèce. Soyez heureux, Lisidor. Vous, mes bonnes amies, obligez-moi de ne jamais parler de cette aventure. Vous, Baron, après le souper, je vous demande un moment de conversation. Vous verrez que mes vues peuvent sympathiser avec les vôtres, et que, tout aveuglé que vous croyez mon cœur par le tourbillon du monde, il peut encore être éclairé par les conseils d'un homme estimable.

LE BARON.

Je n'en doutai jamais, ma chère Araminte; je crois vous deviner, et j'en suis enchanté! Oui, j'ai aussi mes idées. Assurons le bonheur de votre fille, songeons au nôtre, et terminons, par un arrangement solide et raisonnable, tous ces petits événements qui sont le vrai tableau d'une Soirée à la mode.

Imprimé par Jouaust et Sigaux

POUR LA COLLECTION

DES PETITS CHEFS-D'ŒUVRE

M DCCC LXXXVII

EN VENTE

Dans la Collection des *Petits Chefs-d'œuvre*

Voyage autour de ma chambre, de X. de Maistre. . 2 50
Turcaret, de Le Sage. . . . 3 50
Le Méchant, de Gresset. . . 3 50
Ver-Vert, etc., de Gresset . 2 fr.
La Servitude volontaire. . . 2 50
Contes d'Hamilton, 4 vol . 13 50
Voyage de Chapelle et de Bachaumont 2 50
L'Art d'aimer . . . . *Épuisé*
Le Temple de Gnide. — Arsace et Isménie. 3 50
Le Neveu de Rameau. . . . 4 fr.
Voyage en Laponie, de Regnard. 3 50
La Chaumière indienne, etc. 3 fr.
Lettres portugaises. . . . . 3 fr.
La Farce de Pathelin. . . . 3 50
La Gastronomie, de Berchoux 3 fr.
La Métromanie, de Piron. . 4 fr.
Le Diable amoureux, de Cazotte. 3 50
La Dot de Suzette, de Fiévée 4 fr.
Mémoires de Perrault. . . . 4 fr.
Lettres de Mlle Aïssé. . . . 5 fr.
Ourika, de Mme de Duras 2 50
Édouard, de Mme de Duras. 4 fr.
Madrigaux de La Sablière. 4 fr.
Adolphe, de Benjamin Constant. . . . . 4 fr.
Clavijo, de Beaumarchais. . 3 fr.
Le Philosophe sans le savoir, de Sedaine. 3 50
Mademoiselle de Clermont, de Mme de Genlis. . . . . 3 fr.
Contes et Poésies d'Hég. Moreau . . . . 4 fr.
Chansons d'Hég. Moreau. . 3 50
Réflexions sur le divorce, de Mme Necker . . . . 3 fr.
Discours sur les passions de l'amour, de Pascal. . . . 3 50
Conseils à une amie, de Mme de Puysieux 3 50
Œuvres choisies de Gilbert . 3 fr.
Rêveries du promeneur solitaire, de J.-J. Rousseau. . 4 50
Mémoires d'un jeune Espagnol, de Florian. . . . . 3 fr.
Le Glorieux, de Destouches. 4 fr.
La Coupe enchantée, de La Fontaine 3 50
Est-il bon? est-il méchant? de Diderot. . . . . 4 fr.
Fables de Fénelon. 3 50
Mademoiselle de Combes, de Fléchier. . . . . 3 fr.
Les Matinées du roi de Prusse 2 fr.
La Chercheuse d'esprit, de Favart . . . . 3 fr.
Lettres du Prince de Ligne à la Mise de Coigny. . . . . 3 fr.
Mémoires de Voltaire. . . . 3 50

Janvier 1887.

www.ingramcontent.com/pod-product-compliance
Lightning Source LLC
LaVergne TN
LVHW020414230826
846091LV00004B/1288